저자: 이완

어머니 개인회생을 돕기 위해 19살 때부터 아르바이트 노동자로 일했다. 파리바게트에서 1년 반, 다이소에서 3년, 아트박스에서 1년, 세븐일레븐에서 반년을 일하며 생활비를 보탰다.

「더칼럼니스트」 창간 1주년 기념 공모전에 당선되어서 처음으로 통장에 300만 원 넘는 돈이 쌓이는 것을 보았다. 얼룩소 에어북 공모전에 당선되어서 얇은 전자도서 두 권을 출간했다.

사회구성원은 서로 연결되어 있다고 믿는다. 버스 기사가 일에 지쳐 깜빡 졸면 무고한 사람이 대형사고에 휘말릴 수 있듯, 누군가의 고난과 절망은 사회에 어떤 식으로든 전염된다.

따라서 사회구성원은 서로의 짐을 거들어야 한다. 다시 말해 연대해야 한다. 이런 믿음을 갖고 정치철학을 공부하며 글을 쓰고 있다.

함께 자유로운 나라

보수가 잊어버린 담대함

Deep
Insight

함께 자유로운 나라
보수가 잊어버린 담대함

발행일 | 2025년 07월 29일
글쓴이 | 이완
펴낸이 | 윤준식
표　지 | 유민정
펴낸곳 | 도서출판 딥인사이트
출판신고 | 제2021-59호
주　소 | 서울특별시 성동구 아차산로 113 삼진빌딩 8125호
전　화 | 010-4077-7286
이메일 | news@sisa-n.com

ISBN | 979-11-982914-8-6 (02340)

본 책은 저작자의 지적 재산으로서 무단 전재와 복제를 금합니다.

CONTENT

들어가는 말..6

1장: 루비오 보고서 사건........................12

2장: 토지공개념 논쟁............................22

3장: 새마을운동 찬양이 보여준 나쁜 징조...32

4장: 누구를 위한, 어떤 자유인가.............40

5장: '진정한 보수'라는 공허한 족쇄..........50

나가는 말: 잊혀진 약속..........................60

들어가는 말

2025년 4월 4일, 헌법재판소가 윤석열 대통령을 파면했다. 12.3 계엄 내란이 일어난 지 123일 만이다.

윤석열 대통령은 자유를 핵심 가치로 내세우며 집권했다. 취임사에서 '자유'를 35번이나 언급했고, 이후 모든 연설에서 자유를 천 번 넘게 사용했다. 하지만 그 천 번의 자유 중에 다수 국민을 위한 것은 없었다. 국회의 정부 견제가 국정 농단으로 전락했을 뿐만 아니라, 근로시간 단축이나 소득 재분배도 정체되었다.

2024년 12월 3일, 윤석열 대통령은 명분 없는 비상 계엄을 선포해 최소한의 자유마저 배신했다. 포고문을 통해 언론와 정치 활동을 금지했고, 국회에 특전사를 파견했다. 일부 보수주의자는 자유의 이름으로 이런 반란을 적극 옹호했다.

윤석열 대통령이 말하는 자유는 처음부터 모호했다. 12.3 계엄으로 비로소 그 정체가 분명해졌다. 그 순간부터, 보수는 이념 면에서 확실하게 파산한

셈이었다.

그런데 한국 보수의 파산을 윤석열 대통령만의 잘못이라고 보기는 어렵다. 윤석열 대통령이 집권하기 전부터 우리나라 보수의 가치관은 공허했기 때문이다. 우리나라 보수는 공산주의로부터 자유를 지키는 것을 지상 과제로 삼았다. 하지만 보수가 말하는 공산주의는 지나치게 광범위했다. 마음만 먹으면 윈스턴 처칠 총리나 노태우 대통령 같은 사람도 공산주의자로 내몰 수 있을 정도였다.

반대로, 보수가 말하는 자유는 제대로 누릴 수 있는 사람이 희소할 정도로 비좁았다. 보수는 자유의 이름으로 토지 불로소득에 대한 과세와 적극적인 재정 지출에 반대했다. 예외라고 할 수 있는 인물이라고 해 봤자 노태우 대통령과 그 참모진뿐이었다.

또한 보수는 동성혼 합법화뿐만 아니라 생활동반자 제도를 거부했고, 게임과 드라마 등 예술 분야의 규제 완화에도 머뭇거렸다. 사실상 보수가 말하는 자유란, 병목 현상에 빠진 시장에서 각자도생할 자유 뿐이었다.

모든 보수가 그런 비좁은 자유관을 가진 것은 아니었다. 해방 직후의 우리나라 보수는 생각보다 폭넓은 자유관을 갖고 있었다. 한때 이승만 대통령도 주요 기업의 국유화를 지지한 적이 있었다.

선진국의 보수는 계급 갈등을 막고 사회를 통합하기 위해 매우 개혁적인 모습을 보여줬다. 선진국 보수는 이념 면에서 아무런 모순 없이 더 적극적인 정부 개입이나 복지국가, 토지세 강화를 지지했다.

우리나라 보수는 국내외 보수가 쌓은 지적 자산을 물려받지 못했다. 그 탓에 정체가 불분명한 반공과 자유만 남게 되었는데, 그마저도 윤석열 정권과 함께 붕괴해 버렸다.

이대로는 안 된다. 건강한 보수 정치가 되살아나지 않으면, 급진주의자의 폭주를 견제하지 못할 뿐만 아니라 보수 유권자들의 극우화를 막기도 어려울 것이다. 정치에 건전한 경쟁이 이뤄지기 위해서라도,

보수는 이념 면에서 다채롭고 튼튼해져야 한다.

　이 책이 그런 과업에 티스푼 하나만큼이라도 도움되기를 바란다.

1장.
루비오 보고서 사건

"이런 한심한 사람들하고 내가 뭘 하겠나."

2021년 1월 12일에 한 라디오 인터뷰에서 김종인 비대위원장이 한 말이다. 여기서 '한심한 사람들'이란 국민의힘 정치인을 가리킨다. 당시 김종인 위원장은 국민의힘을 이끌고 있었다. 김종인 위원장이 외부인이면서 중도 노선을 밀어붙였던 탓에, 일부 보수 정치인은 김종인 위원장을 달가워하지 않았다.

실은 이 라디오 인터뷰 이전에 작은 갈등이 있었다. 그해 1월 7일, 김종인 위원장은 국민의힘 국회의원들에게 『마르코 루비오의 공공선 자본주의와 좋은 일자리』라는 보고서를 돌렸다. 이 보고서는 미국의 상원의원이자 가톨릭 신자인 마르코 루비오가 2019년 한 싱크탱크에 올린 기고문을 번역한 것이었다.

보고서의 핵심은 이렇다.
"노동을 다시 존엄하게!"

루비오 의원에 따르면, 미국 노동자는 존엄을 잃

었다. 과거와 다르게, 더 이상 한 집안의 가장이자 지역 공동체의 번듯한 구성원으로 대우받지 못한다. 그 탓에 '결혼, 출산, 기대 수명의 감소, 약물 의존, 자살 및 기타 절망사의 증가를 겪고 있다.

왜 그렇게 되었을까? 루비오 의원은 기업이 중요한 사회적 의무를 잊었다는 점을 원인으로 지목한다. 이윤 추구는 기업의 권리다. 하지만 기업이 권리만 갖는 것은 아니다. 공동체의 일원으로서, 기업은 이윤을 다시 투자해서 좋은 일자리를 만들어야 할 의무가 있다. 그런데 지난 반백 년 동안 미국 기업은 끝없이 이윤을 축적할 뿐이었다.

"우리가 오직 기업이 이윤을 낼 권리에만 초점을 맞추기 시작하고, 미국에 재투자할 기업의 의무를 인식하기를 멈췄을 때, 대기업들은 주주, 경영자, 은행이 자신들의 청구권을 주장하기 위한 금융 수단에 불과하게 되었다. 주주에게 돈을 돌려줄 권리가 다른 모든 권리 위의 권리가 되었다. 우리 노동자와 우리나라의 이익을 위해 투자할 의무는 뒷전으로 밀려났다.

경제 수치가 이를 뒷받침해 준다. 지난 40년 동안, 기업 이윤에서 금융 부문이 차지하는 비중은 약 10%에서 거의 30%로 증가했다. 주주에게 보내진 그 이윤의 비중은 300% 증가한 반면, 회사의 노동자와 미래에 대한 그 이윤의 재투자는 20% 감소했다."_마르코 루비오

노동자는 일을 통해 존엄함을 얻을 수 있다. 그런데 미국 기업은 일자리를 창출하기보다 금융에 손을 뻗어서 이윤 축적에만 몰두했다. 이는 가톨릭교회가 오랫동안 부도덕하다고 지적해 온 일이었다.

"이 수백만 명의 미국인들은 교황 베네딕토가 『진리 안의 사랑』(Caritas in Veritate)에서 실제 생산과 분리된 "대체로 투기적인" 금융 흐름의 지배라고 묘사한 경제적 재편의 희생자들이다."_마르코 루비오

가톨릭 신자답게, 루비오 의원은 보고서 곳곳에서 가톨릭교회의 가르침을 인용한다. 가톨릭교회는 오랫동안 유럽 사회의 큰 어른 역할을 맡아 왔다. 19세기에는 유럽 곳곳이 산업화하면서 자본가와 노동자의 갈등, 노동자의 빈곤과 실업 같은 '노동문제'가 일어나기 시작했다. 일부 지역에서는 유혈 폭동과 혁명까지 일어났다. 모두가 처음 겪는 사태를 보며

어쩔 줄 몰라 했다. 큰 어른이 사태를 진정시켜야 할 시점이었다.

당시 교황이었던 레오 13세는 역사에 오래 남을 회칙, 일명 『새로운 사태』를 반포했다. 새로운 사태는 자본가와 노동자가 계급 전쟁에 돌입해서는 안 된다고 선언한다. 서로에게 의존하는 관계인 만큼, 서로에 대한 의무를 다해야 한다는 이야기다. 노동자는 성실하게 일할 의무가 있고, 자본가는 노동자를 궁핍하게 만들지 않으며 한 사람의 이웃으로 대우할 의무가 있다. 이를 어기는 것은 교회의 가르침을 어기는 것이다.

"자본가와 고용주가 명심해야 할 원칙은 자신의 이윤 추구를 위해 곤궁하고 불쌍한 사람을 억압하고 이웃의 비참함을 이용해서 이익을 추구하는 것을 신법과 실정법이 모두 금지한다는 사실이다."_교황 레오 13세

교황의 회칙은 가톨릭교회에서 가장 권위 있는 가르침이다. 실제로 레오 13세의 회칙은 제2차 세계대전이 끝나고 나서도 유럽에 큰 영향을 미쳤다. 전후 서독의 콘라드 아데나워 총리는 열정적인 반공주의

자이자 독실한 가톨릭교도였다. 아데나워 총리는 정부가 경제를 과하게 통제하지 못하게 막았지만, 노동자의 협상력을 키우는 정책은 적극 추진했다. 그 과정에서 나온 것이 독일 특유의 노동자 경영참여권이었다. 이는 다른 것보다도 가톨릭의 가르침에 따른 것이었다.

독일만이 아니었다. 프랑스나 이탈리아처럼 가톨릭 신자가 많은 나라에서는 기업인이 노동자를 가족의 일원처럼 보호하거나 노동자가 강한 협상력을 보장받았다. 유럽이 오랫동안 노사 협력의 역사를 쌓을 수 있었던 데는 가톨릭교회의 역할이 상당했던 셈이다.

루비오 의원의 공공선 자본주의도 가톨릭의 보수적인 가르침에 기반하고 있다. 루비오 의원은 여러 칼럼에서 사회주의와 공산주의에 반대한다는 점을 분명하게 밝혔다. 동시에 정부가 아무것도 하지 않고 가만히 있어서는 안 된다고 주장했다. 노동자가 존엄함을 잃고, 공동체가 무너지고, 미국 전반이 두 계급으로 분열되는 사태를 막기 위해서는, 정부가 나서서 공공선을 회복해야 한다는 이야기였다.

> "우리가 해야 할 일은 "공동선 자본주의"를 회복하는 것이다. 노동자들이 일할 의무를 다하고 그들의 노동의 혜택을 누리며, 기업들이 이윤을 낼 권리를 누리고 그 이윤의 충분한 양을 재투자하여 미국인들을 위한 존엄한 일자리를 창출하는 자유 기업 체제이다."_마르코 루비오

루비오 보고서는 보수적이다. 독일의 기독교민주주의보다 좀 더 보수적이다. 하지만 미국뿐만 아니라 우리나라에도 필요한 이야기다. 우리나라 노동자 역시 존엄함을 잃은 지 오래다. 우리나라는 임금 체불과 산업 재해가 일상인 곳이다. 그 탓에 취업을 준비하지 않는 청년이 70만 명에 달한다. 상황이 이런 만큼, 일하는 사람이 적절하게 대우받도록 하는 정책이 절실하다.

김종인 위원장은 당이 미래를 선점하기 위해서는 합리적인 중도 노선을 채택해야 한다고 진단했고, 그런 이유에서 루비오 보고서를 돌렸다.

그렇다면 이 보고서를 받은 국민의힘 의원들은 어떤 반응을 보였을까. 김종인 위원장이 당을 좌경화하려 한다며 걱정했다. 노동자의 존엄이라는 공공선을 보수의 가치로 두자는 주장조차, 국민의힘 의원들에게는 좌파 사상으로 보이는 모양이었다. 서구 정치사상을 조금이라도 공부했다면 나올 수 없는 반응이었다.

> "공공선 자본주의를 나눠줬더니 당 의원들은 '당을 좌클릭하려고 그런 걸 돌렸냐'는 얘기를 하고 있다고 한다."
> _김종인 위원장, 한국경제 2021.01.12

국민의힘 의원들은 왜 공공선 자본주의를 좌파적이라고 여겼을까? 당시 김종인 위원장에 대한 불신 탓도 있었을 것이다. 김종인 위원장은 당 강령에 기본소득을 포함할 정도로 중도화를 강조했을 뿐 아니라, 논란 있는 정치인들을 단호하게 컷오프시켰으니까. 하지만 다른 사람이 같은 말을 했어도 받아들여지지 못했을 것이다. 국민의힘과 당을 둘러싼 보수 스피커들이 자유방임주의를 맹목적으로, 그리고 선택적으로 사랑하기 때문이다.

참고자료

『김종인 "이 한심한 사람들과 뭘 하겠나…선거까지만 한다"』, 한국경제, 2021.01.12.

『김종인은 왜 루비오 보고서를 돌렸나』, 동아일보, 2021.01.16.

Senator Marco Rubio, 『Common Good Capitalism and the Dignity of Work』, Public Discourse, 2019.

『[조귀동 칼럼] '公共善 자본주의'가 한국 보수에게 주는 화두』, 피렌체의 식탁, 2021.01.27.

레오 13세의 회칙 『새로운 사태』, 1891.

문수현, 『독일현대정치사』, 역사비평사, 2023.

2장.
토지공개념 논쟁

"도로가 만들어지고, 거리가 만들어지고, 서비스가 개선되고, 전등이 밤을 낮과 같이 환하게 밝히며, 100마일 떨어진 산속 저수지의 물이 집까지 흘러온다. 집주인은 가만히 앉아 있다. 그 모든 편리함은 다른 사람들과 납세자들의 노동력과 비용 덕에 가능해진 것이다. 그러한 개선 중에 어느 것에도 토지 독점자가 기여하지 않지만, 그 모든 것이 토지의 가치를 올린다."

핵심은 토지 불로소득이 부당하다는 것이다. 어느 좌파 정치인이 한 말처럼 보이지만 그렇지 않다. 이 연설의 주인공은 보수주의의 역사에서 빠지지 않고 등장하는 영국 보수당의 상징, 윈스턴 처칠 총리다. 1909년 5월 영국 의회 서민원_하원_에서, 처칠 총리는 토지세 도입을 지지하며 토지 가치가 불로소득이라는 점을 지적했다. 물론 1909년에는 총리가 아니라 자유당 내각의 장관 중 한 사람이었다.

1900년대 초 영국 의회는 '사회개혁'을 두고 논쟁하고 있었다. 당시 영국의 노동자 계층은 낮은 임금과 실업률 탓에 폭발하기 직전이었다. 그 여파로 페이비언 협회나 노동당 같은 사회주의 조직이 성장하기 시작했다. 또한 영국의 주요 도시에는 노동자가 살 집이 부족했고, 집이 있더라도 위생 등 생활 여건이 전반적으로 나빴다. 그래서 처칠은 영국을 "바다를 지배하지만 하수구를 관리하지 못하는 제국"으로 묘사했다.

"큰 변화가 없다면 영국이 붕괴할지 모른다."

이런 위기의식을 느낀 정치인과 지식인들은 제국을 다시 하나로 뭉칠 방법을 고심하기 시작했다. 이때 처칠은 보수당이 제국을 구하기를 바라며 여러 개혁안을 추진했다. 하지만 보수당은 기존 특권과 재산권을 지키는 데만 전념할 뿐, 개혁에 적극적이지 않았다. 반면 경쟁자인 자유당은 노동자층의 지지를 이끌어 낼 정도로 사회개혁에 적극적이었다. 처칠은 보수당을 탈당하고 자유당을 선택했다. 이후 자유당 내각의 일원이 되어 개혁을 추진했다.

처칠의 개혁 중에서 가장 큰 반발을 부른 것이 토지세였다. 자유당의 토지세는 지금의 양도소득세와 비슷한 세금이었다. 소유자가 토지를 팔았을 때, 이전보다 가치가 오른 부분에 20%에 달하는 세금을 부과하자는 것이었다. 그렇게 거둔 세금으로, 자유당 내각은 노령연금과 실업급여 같은 사회안전망을 도입할 계획이었다. 당연히 토지 소유자가 장악하고 있던 보수당과 귀족원(상원)은 격렬하게 반대했지만, 곧이어 열리는 총선에서 국민 전체를 위한 예산에 반대하는 세력으로 내몰리며 개혁을 막을 수 없게 되었다.

젊은 처칠이 좌경화된 것은 아니었다. 처칠은 영국의 헌정질서와 자유무역, 기독교 문화와 거대한 식민제국을 일관적으로 지키려 했다. 다만 계급 갈등과 혁명으로 제국이 분열되는 것을 막기 위해서는, 기존 사회지도층이 자애로운 아버지처럼 국민을 보살피고 이끌어야 한다고 믿었을 뿐이었다. 처칠은 철저히 개혁적인 보수주의자였고, 죽을 때까지 그 모습을 잃지 않았다. 그런 처칠도 토지 불로소득에는 관대하지 않았다.

처칠만의 생각이었던 것도 아니다. 토지 불로소득은 좌파와 우파를 넘어 여러 사람에게 비판받았다. 경제학의 출발선으로 여겨지는 국부론의 저자, 애덤 스미스도 토지 불로소득을 '대부분의 경우 그 소유자가 아무런 배려나 주의를 기울이지 않고도 확보하는 수입'으로 여겼다. 그래서 토지 불로소득에 대한 세금이 경제발전에 방해되지 않고 정부 예산을 확보하는 데 유용할 것이라고 진단했다.

> "(지대)수입의 일부가 국가경비를 충당하기 위해 징수되더라도, 그것에 의해 어떠한 종류의 근로도 저해되지 않을 것이다."_애덤 스미스

반면 우리나라 보수주의자들은 토지 불로소득을 어떻게 대했을까. 1990년대 초 노태우 대통령과 경제 관료들은 토지 불로소득을 억제하기 위해 노력했다. 재벌이 비업무용 토지를 팔도록 압박했고, 토지초과이득세와 택지소유상한제도 도입했다. 아쉽게도 법안을 너무 거칠게 만드는 바람에 위헌 판결을 받았지만, 헌법재판소가 토지공개념 전반을 부정한 것은 아니었다. 하지만 2000년대 이후에는 토지 불로소득을 진지하게 다루는 보수주의자를 거의 볼 수 없었다.

문재인 정부가 토지공개념을 헌법에 넣으려 했을 때, 당시 제1야당이었던 자유한국당은 문재인 정부가 자유시장경제를 부정한다며 맹공격했다.

"공공, 합리, 불균형 해소와 같은 자의적이고 정치적인 용어로 자유시장경제의 근간과 법치를 허물어뜨리겠다는 시도는 절대로 국민들이 용납하지 않을 것이다."_전희경, 자유한국당 대변인 논평 2018.03.21.

물론 문재인 정부의 부동산 정책은 실패작이었지만, 그렇다고 해서 자유한국당이 토지 불로소득을 공적으로 활용할 방법을 따로 제안한 것은 아니었다. 자유한국당은 그저 자유시장 이야기만 앵무새처럼 반복할 뿐이었다.

토지 불로소득에 대한 관대함은 앞서 이야기한 노동의 존엄 문제와도 관련 있다. 지금 우리나라에서는 자본의 과반이 부동산에 묶여 있고, 청년들조차 부동산에 영혼을 끌어모아 투자해서 일확천금을 노리고 있다. 사회 전체가 지대 추구에 열을 올리고 있는 셈이다.

반면 노동의 가치는 갈수록 공허해지고 있다. 불안정, 저소득 일자리가 늘어나고, 그런 일자리를 얻는 데 들어가는 교육비가 치솟고 있다. 하지만 우리나라 보수주의자들은 "보수의 가치는 자유"라며 적극적인 대책을 마련하지 않고 있다. 오히려 윤석열 정부 시기에는 종합부동산세와 양도소득세를 낮춰서 지대 추구를 조장했다.

이 나라 보수가 말하는 자유란 누구를 위한, 무엇을 할 자유일까.

모두가 토지 불로소득을 노린다면 결국 극소수 부유층을 제외하고는 공멸하게 된다. 자본이 토지나 다른 부동산으로 몰리면 가격이 계속 오를 것이다. 가격이 오른다는 말은 부동산으로 돈을 벌 기회가 부유한 소수에게 집중된다는 의미이기도 하다.

이 문제는 통계로 나타나고 있다. 「KB부동산 데이터베이스」에 따르면, 2016년에는 서울 아파트의 중위 매매가격이 5.4억이었다. 2023년에는 그 가격이 10.1억으로 올랐다. 반면 2016년 30대 후반 노동자의 월 중위 임금은 221만 원이었는데, 2023년에는 292만 원으로 올랐을 뿐이었다. 221만 원으로 5억 원어치 집을 사는 것도 무리한 일인데, 292만 원으로 10억 원어치 집을 사는 것은 불가능에 가까울 것이다.

따라서 부동산 가격이 오르면 오를수록, 불로소득은 소수에게 집중될 수밖에 없다. 누군가가 노력 없이 운 좋게 큰돈을 버는 데 성공한다면, 가뜩이나 불안정해지는 노동의 가치는 상대적으로 더 하락할 수밖에 없을 것이다.

노무현, 문재인 대통령의 종합부동산세에 반대할 수는 있다. 종합부동산세가 다주택자보다 실수요자에게 더 부담된다거나, 전세 가격이나 임대료로 전가된다는 논란이 있는 것도 사실이다. 그렇다고 해서 점점 더 많은 사람이 도박 같은 투기에 뛰어들고 일의 가치가 추락하는 상황을 방치할 수는 없다.

지역구 주민이 요구할 때는 온갖 정부 개입 정책을 가져오면서, 상대편을 공격할 때는 시장만능주의

뒤로 숨는 것이 합리적인 태도인가? 무엇보다 보수가 지켜야 하는 것이, 재산을 자기 마음대로 활용할 자유뿐인 것도 아니다.

참고자료

Winston Churchill, 『Speech made to the House of commons』, 1909.05.04

박지향, 『윈스턴 처칠-운명과 함께 걷다』, 아카넷, 2023.

강원택, 『정당은 어떻게 몰락하나-영국 자유당의 역사』, 도서출판 오름, 2013.

김광수, 『애덤 스미스의 지대이론에 대한 재조명과 정책적 시사점』, 한국경제학회, 경제학연구 제70집 제2호, 2022.

자유한국당, 『대한민국에 문재인식 사회주의 관제개헌은 설 땅이 없다.』 [전희경 대변인 논평], 2018. 03. 21.

KB부동산 데이터베이스, 『아파트 매매가격지수』

『임금근로일자리 소득(보수) 결과』, 통계청.

3장.
새마을운동 찬양이 보여준 나쁜 징조

2024년 11월 12일 전국 새마을지도자대회, 윤석열 대통령은 새마을 정신으로 지금 위기를 극복하자고 연설했다. 평소에도 윤석열 대통령은 자유민주주의를 수도 없이 강조하면서도 박정희 대통령을 긍정적으로 평가하는 등 모순된 발언을 반복했다. 아마 윤석열 대통령은 어딘가 이상한 점을 찾지 못할 정도로 정치철학에 무관심했던 것 아니었을까.

새마을운동은 파시즘과 가깝고 자유민주주의와 거리가 멀었다. 박정희 대통령이 파시스트였는가에 대해서는 논란이 있지만, 그건 여기서 중요하지 않다. 미국의 뉴딜 관료들이 그랬던 것처럼, 파시즘에 반대한 사람도 파시스트가 사용한 것과 유사한 정책을 고를 수 있기 때문이다. 다만 자유민주주의에 충성했던 뉴딜 관료와 다르게, 박정희 대통령은 서구적인 의미의 자유민주주의와 어울리지 않았다.

자유민주주의는 광범위한 단어다. 애초에 하나의 학자가 하나의 사상에 붙인 이름이 아니라 일반인 사이에서 혼란스럽게 유행한 말이기 때문이다.

풀어서 말하면 자유민주주의는 '자유주의적인 민주주의'인데, 자유주의는 굉장히 다양한 제도를 포함한다. 우리나라에는 자유주의를 간섭받지 않을 자유나 시장만능주의와 연결하는 경향이 있지만, 이는 굉장한 왜곡이다. 프랜시스 후쿠야마가 이야기한 것처럼, 정부가 소득의 절반을 거둬가는 덴마크도 자유주의 국가에 속한다.

자유주의가 그저 국방과 사회질서만 책임지는 야경국가만 가리키는 것은 아니다. 더 적극적으로 개입하는 국가 역시 개인의 존엄을 지키며 법에 따라 움직인다면 자유주의적일 수 있다.

자유주의가 광범위한 개념인 만큼, 자유민주주의의 의미도 넓을 수밖에 없다. 국민이 정부를 선출할 수 있고, 정부가 법에 따라 제한된 권력을 행사한다면, 그런 정치행위를 하는 어떤 나라도 자유민주적이라고 볼 수 있을 것이다. 그런 의미에서 유신 시대 이후 박정희 대통령은 자유민주주의자가 아니었다. 오히려 파시스트에 가까웠다.

파시즘은 자유민주주의보다 더 넓은 범주를 다루는 말이다. 아직까지 정치철학자들도 파시즘을 한 문장으로 정리하는 데에 실패했다. 하지만 어디에서나 파시스트들은 마르크스주의와 자유주의, 건설적인 토론과 민주주의를 혐오했다. 대신 강력한 지도자와 추상적인 공익에 열정적으로 충성하는 병영사회를 만들려 했다. 딱 여기까지가 파시스트들의 공통점이다.

박정희 대통령은 '멸사봉공(滅私奉公)'을 수도 없이 강조했다. 모든 국민을 산업역군, 반공전사로 양성하려 했고, 실제로 권위적이고 폐쇄적인 병영사회를 만들었다. 어린 학생들에게도 제복을 입혀서 군사훈련을 시켰고, 모든 곳에 박정희 대통령의 사진을 걸게 했고, 때가 되면 어디서든 국기에 대한 경례를 하도록 강요했다. 새마을운동도 병영사회 만들기의 일환이었다.

통념과 다르게 자유주의 사상가도 공익을 개인의 자유보다 앞에 뒀지만, 자유주의자는 사익을 완전히 배제하지는 않았다. 게다가 공익을 추구하는 방식에서 실용적인 태도와 폭정에 대한 거부, 정당한 과정으로 법을 만드는 일과 그 법에 따라 통치하는 정부를 고집했다. 그런 의미에서 박정희 대통령은 자유주의적이지 않았다. 새마을운동도 마찬가지였다.

자유민주주의와 옛 군사정부 사이에서 괴리감을 느끼지 않는 사람은 뉴라이트뿐이다. 군사정부는 소극적 자유를 포함해서 수많은 자유의 정의 중 어느 것과도 친하지 않았다. 굳이 하나를 고르자면 물질적 자유 정도일 듯한데, 군사정부가 물질적 자유를 불균형하게 분배하는 동시에 다른 자유를 억제하는 바람에 물질적 자유도 빛을 보기 어려웠다.

'자유'와 '박정희'는 잘 어울리는 조합이 아니다. 유사 파시즘과 자유민주주의를 이어 붙이려면 굉장한 노력이 필요하다. 하지만 지금까지 윤석열 대통령의 담화를 돌이켜 보면 그런 지적인 노력이 전혀 드러나지 않았다. 오히려 12.3 계엄을 통해, 새마을운동 찬양이 보수층을 위한 립서비스가 아니라 대통령의 신념이었다는 점이 드러났다. 그런 윤석열 대통령을 결사옹위하려 했던 것을 보면, 보수의 자유

개념은 필요할 때마다 꺼내 쓰는 편리한 명분처럼 보일 지경이다.

참고자료

2023 전국 새마을지도자대회 「청년의 약속 선포식 축사」, 대한민국 대통령실.

정두음, 「장제스와 국민당 엘리티스트」, 도서출판선인, 2013.

프랜시스 후쿠야마, 「자유주의와 그 불만」, 이상원 옮김, 아르테, 2023.

4장.
누구를 위한,
어떤 자유인가

사실, 윤석열 대통령은 보수의 자유 개념이 얼마나 모순적인지 보여주는 사례 하나일 뿐이다. 보수는 정부의 경제 개입에 반대하면서도 정부 계획으로 경제성장을 이끌어 낸 박정희 대통령을 찬양했다. 자유로운 경쟁과 창의성 발현의 위대함을 강조하면서도 예술과 문화 분야의 규제를 강화했다. 선택할 자유를 노래하면서도 동성혼을 선택할 자유를 허락하지 않았다. 이 모든 기조가 자유를 지켜야 한다는 하나의 사명감 아래에서 공존했다.

정치사상 면에서 보면, 보수의 기조에도 근거가 있다. 자유주의의 선구자로 꼽히는 존 로크는 도덕적으로 행동할 자유만 인정했다. 만약 동성애가 부도덕한 일이라면, 로크는 국가가 동성애를 탄압한다고 해서 개인의 자유를 침해하는 것은 아니라고 했을 것이다. 없는 자유를 탄압할 수는 없으니까. 로크는 자유주의자이기 이전에 기독교인이었고, 기독교를 대전제 삼아서 모든 사상을 펼쳤다. 이 때문에 자유와 방종의 차이에 굉장히 엄격했고, 도덕과 자유를 구분하지 않았다.

로크의 자유는 철저히 도덕의 굴레 안에 있었다. 에드먼드 버크 같은 보수주의 사상가의 자유도 마찬가지였다. 이런 '도덕주의적' 자유관으로 보면, 보수는 아무런 모순 없이 정부의 경제 개입에 반대하면서도 문화 규제를 강화할 수 있다.

문제는 우리나라 보수가 어떤 도덕관을 잣대로 삼고 있는지 불분명하다는 점이다.

노동의 가치가 추락하고 부동산 불로소득만 성장하는 상황은 그다지 바람직하지 않다. 사람들이 의욕과 희망을 잃고 있다는 점은 이미 여러 통계로 드러나고 있다. 너무 많은 자본이 혁신보다 부동산에 묶여 있다는 점도 분명하다.

극단적인 자유지상주의자가 아니라 공동체를 아끼는 사람이라면, 이런 상황을 가만두지 않을 것이다, 윈스턴 처칠이 그랬던 것처럼. 그런데 우리나라 보수는 지역구의 욕구와 무관한 정부 개입을 자유의 이름으로 거부했다. 여기에 어떤 도덕적 가치가 있을까.

여기서 보수는 반론을 제기할 수 있다. 만약 자유로운 시장경제가 가능한 한 많은 사람의 삶을 개선하는 유일한 방법이라면, 정부 개입이 장기적으로 다수에게 손해가 된다면, 정부가 뒤로 물러나 있는 것이 오히려 도덕적일 수 있다.

"종북세력과 포퓰리스트를 능가할 수 있는 비전은 자유일 수밖에 없다."_박효종 교수

하지만 이런 시장만능주의는 더 이상 진지하게 논의되지 않는다. 만약 시장만능주의가 옳다면, 박정희 시대 우리나라 뿐만 아니라 적극적으로 경제질서를 확립하고 투자를 주도하는 정부는 모두 실패했어야 했다.

그러나 18세기 잉글랜드와 프랑스, 메이지 시대 일본, 뉴딜 시대 미국, 현대 중국은 서로 정도는 다르지만 중앙정부의 힘으로 산업을 발전시키고 경제를 번영시켰다. 덴마크의 경우는 소득의 절반을 세금으로 걷으면서도 혁신성과 생산성 지표에서 항상 최상위권을 차지한다. 이상적인 시장경제가 너무 까다로운 조건을 요구한다는 사실을 여러 경제학자가

밝혀냈고, 그래서 지금은 IMF조차 상황에 따라 정부 개입을 권고하는 시대가 되었다.

심지어 한나라당에서 국민의힘으로 이어지는 주류 보수 정당조차 시장만능주의를 일관되게 실천한 적이 없다. 역대 보수 정부는 중도실용을 강조하며 부족하게나마 경제에 개입해 왔다. 그래서 진지하게 시장만능주의를 믿는 보수 지식인은 보수 정부가 철학을 잃었다며 비난해 왔다.

"보수정당인 한나라당도 친시장과는 거리가 멀었다. 오히려 좌파에 가까웠다. 자유기업원이 18대 국회가 시작된 2008년 5월부터 올해 3월까지 본회의에 올라온 84개 시장 관련 법안에 대한 국회의원들의 투표 행위를 분석한 결과다."_한국경제 2011.05.10.

따라서 시장이 도덕적인 결과를 가져다 준다는 주장은 진작 설득력을 잃었다. 만약 시장만능주의 대신 기독교를 잣대로 삼는다면 더더욱 보수의 행동은 정당화되지 않는다. 우리나라 기독교계에서 영향력 있는 인물은 장 칼뱅일 것이다. 칼뱅은 동료 목사들과 제노바를 통치하면서 기독교 경제 윤리를 실천했다.

그 대표적인 예로 칼뱅은 대부업 이자율을 원금의 15분의 1로 규제했고, 가난한 사람에게 생활비를 빌려 준 경우에는 이자를 전혀 받지 못하게 했다. 니케아 공의회 이래로 기독교는 돈을 빌려주고 높은 이자를 받는 행위를 죄악으로 여겨 왔다. 칼뱅도 기록 곳곳에서 탐욕스런 대부업자에 대한 분노를 표출했다. 다만 사람의 불완전함을 직시한 현실주의자여서 이자율 상한제라는 타협안을 마련했을 뿐이었다. 칼뱅과 가톨릭 교회, 그 스승 격인 고대 교부들은 결코 재산권을 사람보다 앞에 두지 않았다.

> "임박한 심판을 주의하라. 부자들이여, 너희는 탑이 아직 완성되지 않은 동안에 굶주린 이들을 찾아라. 탑이 완성된 뒤에는 너희가 선을 행하고 싶어도 기회가 없을 것이다."_교부 헤르마스의 『목자』

간혹 상식을 근거로 내세우는 보수 정치인도 있지만, 우리나라는 이미 계층, 성별, 세대, 지역별로 너무 분열되어서 하나의 상식을 공유하지 못하게 되었다. 무엇보다 반드시 상식이 도덕적으로 옳다는 법은 없다. 반공주의 역시 모순을 해소해 줄 수 없다.

선정적인 게임과 동성혼을 규제하는 것은 반공주의와 아무 관련이 없기 때문이다. 오히려 문화 규제는 공산주의 중국과 발을 맞추는 것처럼 보일 정도다. 게다가 극단적인 자유지상주의자 외에는 토지공개념과 복지국가를 공산주의라고 부르지 않는다. 복지개혁을 추진한 처칠과 비스마르크는 공산주의자가 아니다.

보수가 어떤 도덕관을 갖고 있는지, 그 도덕관이 왜 옳은지 설명하지 못하면, 도덕주의적 자유관을 지지할 수도 없다. 도덕주의적 자유관이 무너진다면, 자유의 이름으로 이곳에서 간섭받지 않을 자유를 주장하는 동시에 저곳에서 강력한 규제를 요구하는 모순을 설명할 방법이 없다.

우리나라 보수가 말하는 자유란 철학적 고민을 압축한 구호가 아니다. 현재 보수가 지키는 자유 중에서 유일하게 일관적인 것은, 소수 부자가 공동체를 외면하고 마음껏 돈을 쌓을 자유뿐이다. 사실상 한국 보수주의자의 자유는 소수 부유층의 재산권을 다른 것보다 앞세우기 위해 동원하는 명분에 가깝다. 이런 이야기에 보수는 과도한 왜곡이라 여길 수 있지만, 충분한 설명 없이 모순을 저질러 온 것은 엄연히 보수다.

참고자료

「"이명박 정부는 보수 표방하면서 자유·시장 가치 못 지켜"」, 경향신문, 2011.08.22

폴 켈리, 『로크의 통치론 입문』, 김성호 옮김, 서광사, 2018.

애덤 스위프트, 『정치의 생각』, 김비환 옮김, 개마고원, 2011.

한국, 『재정수입·지출 모두 하위권…IMF '과세 기반 강화 권고' 남의 일 아냐』, 한겨레, 2024-11-12

제이컵 솔, 『자유시장』, 홍기빈 옮김, 아르테, 2022.

「[18대 국회 시장친화성 평가] 포퓰리즘 덫에 걸린 '親시장'…한나라당도 경제이념은 '중도좌파'」, 한국경제, 2011.05.10

최원오, 『고리대금의 죄악성에 관한 교부들의 가르침』, 한국가톨릭철학회, 2015.

최원오, 『교부들의 사회교리』, 분도출판사, 2020, 28p.

이오갑, 칼뱅, 『자본주의의 고삐를 잡다』, 한동네, 2019.

5장.
'진정한 보수'라는 공허한 족쇄

복거일 선생은 대표적인 보수 논객이다. 2023년에는 소설 형식을 빌려서 이승만 대통령의 일대기를 썼다. 출간 후 진행된 인터뷰에서, 복거일 선생은 이렇게 이야기했다.

"희망이 안 보이고 죽고 싶을 만큼 힘들 때 이승만의 삶을 들여다보라고 권하고 싶어요. _중략_ 그가 걸어온 길을 보면 현시대의 어려움은 하찮게 여겨지지요. 우리는 절망할 권리도 없다는 걸 느낍니다."_복거일, 한국경제 2023.07.30.

보수주의자 복거일 선생이 현대인의 고통에 얼마나 무관심한지 자백하는 대목이다. 일부 논객만 차가운 태도를 보여준 것이 아니다. 2014년 12월 국회에서 김무성 대표가 청년들과 만났다. 사회자가 아르바이트생이 겪는 부당한 처우에 대한 생각을 묻자, 김무성 대표는 이렇게 답했다.

"젊어서 그런 고생을 하는 것도 앞으로 사회생활 하는데 도움이 될 걸로 생각이 됩니다. _중략_ 부당한 대우를 당했을 때 상대한테 기분 나쁘지 않게 설득해가지고, 그 나쁘게 먹었던 마음도 바꾸게 하는 것도 여러분들

능력입니다."_김무성, 경향신문 2014.12.29.

물론 행사 첫 부분에서 김무성 대표는 청년이 부당한 일을 겪지 않도록 밝은 사회를 만들겠다고 이야기했지만, 줄곧 각자의 책임만 강조했다. 맥락을 보면 정부가 모든 것을 대신해 줄 수는 없으니 각자 대처하는 능력도 길러야 한다는 의미였던 것으로 보인다.

하지만 당시 새누리당이 노동문제나 사회적 격차에 충분히 대응하지 않았기 때문에, 결국 각자도생하라는 의미로 받아들여질 수밖에 없었다. 정부가 모든 일을 할 수는 없지만, 불필요한 고통을 덜어줄 수는 있었다. 하지만 김무성 대표도 흔한 보수 정치인처럼 차갑고 모순적인 자유방임주의자였다.

"대한민국 경제를 살리려면 자유민주주의와 자유시장경제 원칙을 중시하는 인물이 필요하다"_김무성

선거 때마다 보수 진영은 누가 진정한 보수주의자인지 가리기 위해 논쟁한다. 그럴 때마다 복거일 선생 같은 보수 논객은 시장 자유에 대한 태도를 가장

중요한 기준선으로 내세웠다. 보수 정당이 중도층을 공략하기 위해 복지 공약을 설계하면, 복거일 선생은 보수가 정체성을 잃었다며 비판했다.

> "새누리당 위기의 근본 원인은 정체성을 망각한 데 있다. _중략_ 새누리당이 자유민주주의 시장경제를 다듬는 데 힘쓰는 정당으로 돌아가야 국민 지지를 회복할 수 있다."_복거일, 한국경제 2016.07.13.

정치인 입장에서도 재야 논객을 외면할 수는 없는 노릇이라, 자유 시장을 앞세우지 않는 보수 정치인은 이들의 가혹한 사상 검증을 피할 수 없었다.

그 결과, 보수 정당은 큰 사회문제 앞에서 작아질 수밖에 없었다. 자유 시장이 진정한 보수주의의 핵심이라면, 정규직과 비정규직의 임금 격차, 고용주의 갑질, 중소기업의 경영난을 두고 진정한 보수주의자가 할 수 있는 일은 많지 않다. 진정한 보수라는 정체성이 정치적 선택지를 없애버린 것이다.

하지만 실제 역사를 보면, 보수주의자가 반드시 시장 자유를 우선시하지는 않았다. 서구에서는 많은 보수주의자가 급진적인 평등주의 뿐만 아니라 규제 없는 시장경제도 함께 거부했다. 예를 들어 독일 보수주의의 상징과도 같은 오토 폰 비스마르크는 사회주의 운동을 가혹하게 탄압했지만, 동시에 사회주의자의 요구 중에서 제국의 권위를 해치지 않는 것은 적극 받아들였다. 노동자가 혁명보다 제국에 충성하게 하려면, 몽둥이를 드는 것만으로는 부족하다고 여겼기 때문이다. 그래서 비스마르크는 제국 의회에서 이렇게 선언했다.

> "국가의 보다 큰 이익을 위해 취해진 많은 수단들이 사회주의적이다. 그리고 우리 제국은 좀 더 많은 사회주의에 친숙해져야 할 것이다."_오토 폰 비스마르크

비스마르크에게 중요한 것은 황제를 정점으로 하는 중앙집권 질서와 기독교 문명이었지, 기업인이 마음껏 돈을 벌 자유가 아니었다. "기업인의 자유가 지나쳐서 노동자가 제국에 대한 충성심을 잃으면, 이웃 프랑스처럼 독일도 정치적 혼란과 내전을 겪을 수도 있다." 비스마르크와 독일 보수주의자들은 이런 두려움을 공유하고 있었다. 그래서 비스마르크는 황제가 자애로운 아버지처럼 노동자의 복지를 챙기는

'복지군주제'를 구현하려 했다. 그렇게 '복지국가 독일'의 역사가 시작되었다.

> **"우리가 국민에게 개혁을 주지 않으면, 국민이 우리에게 혁명을 줄 것이다."** _퀀틴 호그, 영국 보수주의 정치인

 통념과 다르게, 미국 보수주의자 중에서도 규제 없는 시장경제를 경계한 사람들이 있었다. 대표적인 인물이 냉전시대에 활약한 보수주의 사상가, 피터 비에렉이었다. 비에렉은 자본주의 시장경제가 미국인의 자유와 번영에 필수적이라고 여겼다. 동시에 비에렉은 규제 없는 시장경제가 건강한 경제를 지탱하는 도덕 질서를 깨뜨리고 가족, 교회, 지역 공동체를 무너뜨린다고 진단했다. 이런 폐해를 막으려면 국가가 시장경제를 지나치지 않은 선에서 통제해야 했고, 그런 관점에서 비에렉은 뉴딜 정책을 옹호했다. 그래서 비에렉의 사상을 '뉴딜 보수주의'라고도 부른다.

비에렉은 기독교 정신에 따라 모든 개인의 존엄함을 믿었지만, 민주주의를 혐오했다. 사회가 잘 기능하려면, 평범한 사람이 아니라 탁월한 사람, 돈이 아니라 공익에 충성하는 사람이 사회를 이끌어야 한다고 믿었다.

> "우리에게 필요한 건 '보통 사람의 세기'가 아니다. 우리는 이미 그런 세기를 살고 있고, 그것은 가장 평범한 사람, 비인격적이고 무책임하며 뿌리 뽑힌 대중사회의 대중을 생산해냈을 뿐이다."_비에렉

그렇다고 대중을 폭력으로만 다스릴 수는 없었다. 인간은 존엄하고, 궁핍한 대중은 혁명을 일으킬 수도 있었으니까. 그래서 비에렉은 온건한 개혁을 보수주의자의 임무로 여겼다.

사실 "진정한 보수주의란 무엇인가"라는 질문에는 정답이 없다. 이는 단순히 상대주의적인 관점이 아니다. 여러 정치학자, 정치사상가가 보수주의 운동을 연구했는데, 그 결과 여러 시대와 국가에 존재한 보수주의에는 공통점이 많지 않다는 점만 발견할 수 있었다. 시공을 초월하는, 단 하나의 진정한 보수주

의란 존재하지 않는 셈이다. 이는 러셀 커크 같은 이름 있는 보수주의 사상가도 인정하는 사실이다.

"나는 그 내용이 시간과 장소에 따라 엄청나게 각양각색이었던, 보수주의라고 불리는 복잡한 현상을 만족스럽고 포괄적으로 규정할 수 있는 하나의 정의가 있다고 생각하지 않는다. 보수주의는 본질적으로 정확한 정의를 거부한다는 말은 진실인지 모른다"_조지 H. 내쉬

"보수주의자는 스스로 보수주의자라 생각하는 사람들이라고 규정하면 거의 틀림이 없다. 보수적 운동이나 보수적 견해의 집합체는 매우 많은 주제와 관련해 대단히 다양한 견해들을 포용한다. 그 무엇이 보수적 신조인지 아닌지를 가늠하는 엄격한 기준은 없다."_러셀 커크

다만 상당히 많은 보수주의자가 몇 가지 신조를 공유하는 것으로 보인다. 대체로 보수주의자는 지나친 평등에 반대한다. 어느 정도가 지나친가에 대해서는 보수주의자마다 의견이 다르지만, 우월함과 열등함을 구분하지 못하게 하는 풍조를 비판한다는 점은 같다. 대체로 보수주의자는 어떤 초월적이고 절대적인 도덕 질서가 있다고 믿는다. 그리고 인간 이

성으로 모든 질서를 설계할 수 있다는 주장을 항상 의심한다. 대체로 보수주의자는 사람이 가족과 교회 같은 중간 공동체에 뿌리내리고 살아야 한다고 믿는다. 보수주의자에게는 완전히 독립적인 개인으로 흩어지는 것도 문제이고, 중앙집권 국가에 완전히 종속되는 것도 문제다.

보수주의인 것과 아닌 것 사이에는 이런 느슨하고 흐릿한 경계만 있을 뿐이다. 그런 점에서 '진정한 보수'는 커튼 뒤의 유령 같은 개념이다. 우리나라 보수주의자들을 좁고 답답한 이불 속에 가두지만, 실체는 없다. 어쩌면, 보수주의자에게 필요한 것은 정체성 회복이 아니라 커튼을 들추는 작은 용기일지도 모른다.

참고자료

『복거일 "새누리, 자유시장경제로 돌아가라"』, 한국경제, 2016.07.14.

『소설가 복거일 "이승만 걸어온 길 들여다보라, 우리 시대 어려움 하찮아 보일 것"』, 한국경제, 2023.07.30

『"'미생'에 공감했다"던 김무성 "알바생 부당한 처우는 인생의 좋은 경험"』, 경향신문, 2014.12.29

『野 거물 김무성이 與 김진표를 치켜 세운 까닭은』, 한국일보, 2019.12.09

가스통 V. 림링거, 『사회복지의 사상과 역사』, 비판과대안을위한사회복지학회 옮김, 한울아카데미, 2011.

피터 콜리지, 『자본주의에 맞서는 보수주의자들』, 이재욱 옮김, 회화나무, 2020.

러셀 커크, 『보수의 정신』, 이재학 옮김, 지식노마드, 2018.

조지 H. 내쉬, 『미국 보수주의의 지적 운동』, 서세동 옮김, 회화나무, 2022.

나가는 말:
잊혀진 약속

"자유는 결코 승자독식이 아닙니다. 자유 시민이 되기 위해서는 일정한 수준의 경제적 기초, 그리고 공정한 교육과 문화의 접근 기회가 보장되어야 합니다. 이런 것 없이 자유 시민이라고 할 수 없습니다. 어떤 사람의 자유가 유린되거나 자유 시민이 되는데 필요한 조건을 충족하지 못한다면 모든 자유 시민은 연대해서 도와야 합니다."_윤석열 대통령 취임사

윤석열 대통령뿐만 아니다. 역대 보수 대통령 후보는 하나같이 '함께 자유로운 나라'를 만들 것을 공약했다. 그래서 보수 논객들은 선거철마다 진정한 보수가 사라진다며 분노해야 했다.

실제로 성과도 많았다. 노태우 대통령은 민주화 이래 가장 강력한 부동산 조치로 불로소득을 억제했고, 처음으로 최저임금제를 도입했다. 김영삼 대통령은 고용 보험을 도입했다. 이명박 대통령은 협동조합을 키우고, 고등학교 졸업자의 취업률을 개선하고, 햇살론 같은 서민금융을 확대했다. 박근혜 대통령은 국민건강보험이 보장하는 범위를 넓히고, 기초연금을 늘리고, 근로장려금을 대폭 확대했다.

우리나라 보수 정부는 나름 개혁적이었다. 하지만 문제의 크기에 비해 개혁이 부족했다. 더 이른 시기에 더 큰 개혁을 추진했어야 했지만, 오랜 시간 정권을 잡고 있던 보수주의자들은 모순된 자유 개념에 갇혀서 그렇게 하지 못했다. 많은 보수 논객이 시장 경제에 개입하는 정책이라면 무엇이든지 공산주의, 자유에 대한 억압으로 규정했고, 보수 정치인들도 상대방을 공격하기 위해 한국식 매카시즘에 편승했다.

그 결과, 보수는 유연함과 유능함을 잃고 이념적으로 파산해 버렸다. 이후 보수주의의 빈자리를 우파 극단주의가 차지하려 하고 있다.

보수는 다시 신용을 회복해야 한다. 어차피 세상 모두가 진보주의자가 될 수는 없다. 사람마다 입맛이 다르듯, 정치 성향도 다르기 마련이기 때문이다. 무엇보다 정치가 유능해지려면, 서로 다른 생각을 가진 사람들이 평화롭게 경쟁해야 한다. 평화로운 경쟁 대신 폭력과 압제를 선호하는 사람들이 오른쪽 세상의 주류가 되어서는 안 된다.

보수가 나아가야 할 방향은 이미 보수 안에 담겨 있다. 그 방향이란 보수가 충분히 지키지 못한 약속, '함께 자유로운 나라'를 만드는 것이다. 4장에서 이야기한 것처럼, 지금 보수가 말하는 자유는 사실상 돈 있는 사람이 돈을 벌 자유일 뿐이다. 이제는 모든 인간의 존엄을 도덕적 잣대로 삼아서, 가능한 한 많은 사람이 가능한 한 다양한 자유를 누리는 것을 목표로 삼아야 한다. 그런 보수주의라면, 진보 정치인의 위선에 지친 진보주의자도 지지해 줄 수 있을 것이다.

극우의 확산을 막고, 모두에게 이익이 되는 이념 경쟁을 실현하기 위해서라도, 보수는 스스로의 발목에 채운 족쇄를 풀어야 한다.

"만일 보수주의라는 단어를 오늘날에도 의미 있는 것으로 사용하고자 한다면, 이 단어의 내력을 살펴보고 현대적으로 재정의하는 것이 필수적이지 않을까. 그 경우 보수주의를 보다 열린 의미의 사상으로 새롭게 파악하는 것이 반드시 필요하다."_우노 시게키, 보수주의란 무엇인가